EXTRAITS

De la Lettre Circulaire du 13 Juillet 1809, qui ordonne des prières au sujet des victoires d'Enzersdorff et de Wagram.

» NOTRE Seigneur J. C., quoiqu'issu du » sang de David, ne voulut aucun règne » temporel. Il voulut au contraire qu'on obéît » à César dans le réglement des affaires de la » terre. »

Ce n'est pas parce qu'il étoit du sang de David qu'il avoit droit à un règne temporel; mais c'est parce qu'il est Dieu de toute éternité que tous les royaumes de la terre avec ce qu'ils contiennent, lui appartiennent essentiellement et de leur nature. Il en est le Roi universel, le Roi suprême, et tous les rois de la terre ne sont que ses lieutenans et les ministres de son autorité; et c'est parce que les rois sont les ministres et les images de ce Roi du ciel et de la terre que le Sauveur a voulu qu'on obéît *à César dans le réglement des affaires de la terre*, pourvu que ce réglement fût conforme à la justice et à l'équité fondées sur la loi naturelle et divine : l'Eglise Catholique chargée du dépôt de la doctrine de J. C. se fait un devoir d'enseigner spécialement cette doctrine : *Rendez à César, ce qui est à César.* Il est donc au moins superflu d'avancer que notre Seigneur quoiqu'issu du sang de David, ne voulut aucun règne temporel, et cela pour justifier l'invasion et le rapt sacrilége du Patrimoine du St. Pierre.

» Il ne fut animé que du grand objet de « la Rédemption et du salut des ames. «

Quel langage hypocrite de la part d'un homme qui favorise les Juifs ennemis de J. C., qui demande leurs prières, ainsi qu'il demande celles des Chrétiens !

Oui le Sauveur ne fut animé que du grand objet de la Rédemption : c'est pour cela qu'il s'est anéanti jusqu'à se revêtir de notre nature, et qu'il s'est humilié jusqu'à la mort, et la mort de la croix : que conclure de là ? Que les ministres de cet Homme Dieu ne doivent rien posséder ; mais ce même Sauveur qui ne voulut point établir de règne temporel, mais seulement un règne spirituel, n'a-t-il pas dit que *l'ouvrier est digne de son salaire* ? (Luc. x. 7.)

» Héritier du pouvoir de César. «

Comment et par quelle lignée est-il devenu le descendant du pouvoir de César ? Par quels ascendans remonte-t-il jusqu'à César ? Se dit-il héritier du pouvoir de César, parce qu'il a usurpé Rome, et qu'il y exerce le souverain pouvoir, comme César l'y avoit usurpé ?

» Nous sommes résolus à maintenir l'indépen-» dance de notre trône, et l'intégrité de nos » droits. »

On n'en doute pas : mais qui lui dispute l'indépendance du trône et l'intégrité des droits qu'il exerce comme Empereur ? Personne. A quelle occasion dit-il donc qu'il est résolu à maintenir l'indépendance de son trône et l'intégrité de ses droits, lorsque personne ne lui conteste cette indépendance du trône, et que l'on prêche la soumission qui lui est due? Ne seroit-ce pas parce qu'il vient d'envahir l'*indépendance du trône* que tous les souverains se sont fait un devoir de respecter pendant une suite de dix siècles, et qu'il a réuni ce trône envahi à son trône impérial? Ne seroit-ce pas parce qu'il s'attribue les droits d'un royaume que J. C. a établi dans le monde, et qui est d'un genre différent, d'un royaume qui n'est pas de ce monde, et qui est néanmoins répandu dans tous les royaumes de l'univers, et indépendant de tous les royaumes? Car on ne veut plus reconnoître ce royaume de J. C. Aujourd'hui par l'organe du ministre des cultes Portalis (Rapport au conseil d'état au sujet du concordat) on établit en principe : » que la puissance publique doit » se suffire à elle-même; qu'elle *n'est rien*, » *si elle n'est tout*; que les ministres de » la Religion ne doivent point avoir la pré- » tention de la partager ni de la limiter ». Aussi dans l'*Exposé de la situation* de l'Empire fait au Corps Législatif le 2 Nov. 1808 par le ministre de l'intérieur au nom de S. M. I. est-il dit : » La source des débats » qui fûrent si dangereux tant que l'on sup- » posa deux puissances, est désormais tarie; » l'autorité du souverain n'est plus arrêtée » dans son action » : il ne reconnoît donc plus deux puissances, celle de l'Eglise et celle du souverain temporel ; chacune dans son ordre : ces deux puissances n'ont été que *supposées*, et n'ont été qu'*une source de débats* ; elle est *tarie*. Comment ? en ce que l'empereur qui s'est arrogé le droit de dominer sur celle de l'Eglise par les articles organiques du culte Catholique qu'il a donnés comme partie intégrante du concordat de sa seule autorité, à l'insçu et malgré les réclamations de l'autre partie qu'on a reconnue pour faire le concordat, et par tant d'autres innovations, dit qu'*en sa qualité d'héritier du pouvoir de César*, il est résolu de maintenir l'*indépendance de son trône et l'intégrité de ses droits*, c'est-à-dire que comme César, ainsi que tous les empereurs depuis Auguste se sont attribué le pouvoir de Souverain Pontife (*a*) d'une religion d'institution purement humaine ; ainsi Napoléon, qui se dit *héritier du pouvoir de César*, soutient qu'en cette qualité il est résolu de maintenir l'*indépendance* de son trône et l'*intégrité de ses droits*, en s'attribuant le pouvoir suprême sur une Religion qu'il reconnoît cependant dans la même pièce établie par J. C. L'*intégrité de ses droits*, parce que sa puissance ne seroit rien, si elle n'étoit tout.

» Nous persévererons dans le grand œu-
» vre du rétablissement de la Religion. »

Oui, dans le grand œuvre de l'établissement d'une religion nationale, soumise entiè-

(a) V. Hist. Rom. de Rollin, liv. xviij, tom. xij, pag. 6.

rement à sa puissance, organisée par son autorité suprême; étendue par sa seule autorité sous le nom de Concordat à tous les pays qu'il lui plaît de réunir au grand empire (*a*), d'une religion qui a pour base la liberté indéfinie de la conscience qu'on nomme l'*asyle de la liberté de l'homme* (*Exposé* de la situation de l'empire ci-dessus cité) les idées libérales proclamées par les constitutions, etc.

» Nous environnerons ses ministres de la » considération que nous *seul* pouvons leur » donner. »

Oui, *seul* il peut donner de la considération aux ministres d'une telle religion, d'une religion nationale, à un *clergé vraiment national*, comme s'exprime le ministre Portalis dans sa lettre aux Evêques, du 4 Vendémiaire an 14; le Chef le sent lui-même, puisqu'il affirme que *seul* il peut donner de la considération aux ministres de la Religion de ses états. Ce n'est pas cependant du bras de chair, quelque puissant qu'il soit, que les ministres tirent principalement la considération dont ils doivent jouir; mais de leur état même, des ordres sacrés auxquels ils sont élevés, des fonctions les plus augustes de la Religion qu'ils sont chargés *seuls* d'exercer, et qu'ils ont *seuls* le pouvoir

(*a*) Par décret du 11 Juin 1809, les diocèses des départemens de l'Arno, de la Méditerranée et de l'Ombrone (c'est-à-dire de la Toscane) font partie de l'église gallicane. Le concordat françois sera publié dans ces départemens pour y servir de règle et de loi.

d'exercer, de la mission qu'ils ont reçue du Roi du ciel et de la terre, qui a dit à cette occasion : *Data est mihi omnis potestas in cœlo et in terrâ : euntes ergo docete*, *etc.* (Matth. 28.) La considération dont ils doivent jouir, vient de la charge d'ambassadeurs de Jesus-Christ qu'ils exercent auprès des fidèles, comme dit S. Paul : *Pro Christo legatione fungimur, tanquam Déo exhortante per nos.* (II. Cor. V. 20.) » Dieu a » choisi, dit le même apôtre (I. Cor. 1. » 27.) les moins sages selon le monde pour » confondre les sages. Il a choisi les foibles » selon le monde pour confondre les puis- » sants. Il a choisi les plus vils et les plus » méprisables selon le monde, et ce qui n'é- » toit rien, pour détruire ce qui étoit de » plus grand ». Ce n'est donc pas de ce qui est de plus grand selon le monde, et de cela *seul*, que les ministres doivent tirer la considération dont ils doivent jouir; mais de Dieu qui les a choisis, etc.

» Nous écouterons leur voix dans tout ce » qui a rapport au spirituel et au réglement » des consciences. »

Belle promesse ! » Le Chef de l'Eglise, comme il le dit dans sa lettre aux ministres résidans près du St. Siége du 30 Nov. 1808 » fit immédiatement après qu'il eut connois- » sance des articles organiques des réclama- » tions contre ces dites lois tant de vive voix » que par écrit; quoique Sa Sainteté n'ait ob- » tenu encore aucune satisfaction à cet égard ». Voilà comme on écoute la voix du premier

Pasteur, du Vicaire de J. C. combien d'autres représentations n'a-t-il pas fait inutilement ?

» Nous écouterons la voix des Pasteurs, etc ».

Et on ne leur permet aucune réclamation, aucune représentation ; on les isole tous, on leur défend tout rapport les uns avec les autres ; aucun concert pour délibérer sur tant d'innovations qui *ont rapport au spirituel.* Ci-devant ils s'assembloient en corps, ils avoient la liberté de faire des représentations, etc. rien de tout cela aujourd'hui. On leur fait parvenir des ordres impérieux, et on exige qu'ils y obéissent.

» Nous écouterons la voix des Pasteurs, etc ».

Bien loin d'écouter la voix des Pasteurs ; par un ministre des cultes on ne cesse de leur donner des ordres dans tout ce qui a rapport au spirituel et au réglement des consciences, jusqu'à leur prescrire des lois organiques du culte Catholique, jusqu'à leur prescrire un corps de doctrine par décret impérial, jusqu'à leur prescrire ce qu'ils doivent enseigner dans les séminaires, etc. C'est donc le pasteur qui doit écouter la voix de la brebis qui s'est emparée de la houlette.

» Au milieu du soin des camps, des
» alarmes et des sollicitudes de la guerre,
» nous avons été bien-aise de vous donner
» connoissance de ces sentimens, afin de
» faire tomber dans le mépris ces œuvres de
» l'ignorance et de la foiblesse, de la mé-
» chanceté ou de la démence, par lesquelles
» on voudroit semer le trouble et le désor-
» dre dans nos provinces. »

Quelles sont ces œuvres de l'ignorance et de la foiblesse, de la méchanceté ou de la démence par lesquelles on voudroit semer le trouble et le désordre dans les provinces? Désigneroit-on par là les nombreuses réclamations du Souverain de l'Etat Romain, du Chef de l'Eglise contre l'invasion du Patrimoine de St. Pierre qu'il a juré de conserver, pour qu'il soit transmis à ses successeurs, contre cette spoliation sacrilége, contre la réunion de ce Patrimoine au grand empire, faite par l'injustice et le rapt le plus inoui? Seroient-ce ces instructions lumineuses aux Evêques des provinces sur le Golfe Adriatique enlevées en 1808 à l'Eglise de Rome et réunies au royaume d'Italie, instructions qui découvrent si bien la malice, le poison de toutes les innovations, des principes destructeurs de la Religion de nos pères, en même-tems qu'elles montrent l'absurdité et l'injustice des prétextes qu'on allègue pour enlever ces provinces; c'est ajouter l'insulte à l'oppression, si on qualifie ces œuvres d'ignorance, de foiblesse, de méchanceté et de démence : elles sont dictées par la modération, écrites avec tous les égards possibles, marquées au coins de la vérité et de la justice.

Si on parle d'autres écrits, on n'en connoît peut-être point qui portent les caractères désignés. Peut-être dans des tems difficiles n'a-t-on jamais si peu écrit pour instruire les fidèles et les mettre en garde contre les piéges que l'on tend à leur religion : de la part des Pasteurs chargés spécialement du dépôt de

la

la foi et du salut des ames on ne voit rien paroître pour garantir les ouailles de la contagion et maintenir les antiques principes (*a*). Au reste, nous ne sommes point partisans des écrits qui pourroient mériter ces qualifications; la Religion, la vérité dédaignent ces moyens.

(*a*) Le Pasteur des pasteurs exhorte encore puissamment les Evêques à remplir ce devoir, dans sa Lettre encyclique aux Evêques de l'Empire donnée le 28 Fév. 1809. „ Pour atteindre ce but „ si désirable (de maintenir les antiques principes), dit-il „ certainement vos instructions et „ vos exhortations y contribueront puissamment. „ Les systêmes éloignés entièrement du sentiment „ et de la doctrine de l'Eglise Catholique, inventés nouvellement, (et au sujet desquels ni „ nos demandes, ni nos prières, ni nos larmes „ n'ont profité de rien pour les faire révoquer) „ vous imposent Nos chers Fils, Vénérables Frères et chers Fils, l'obligation de faire des exhortations, au moyen desquelles la vraie et „ orthodoxe doctrine, particulièrement touchant „ le sacrement de mariage, soit conservée parmi „ les fidèles, et ces fidèles soient rappellés à la „ docilité due aux lois de Dieu et de l'Eglise; „ afin que rendant à César ce qui est à César, „ ils n'omettent point de rendre Dieu ce qui est „ à Dieu „. A-t-on vu des Evêques remplir cette obligation que leur rappelle leur Chef, le Vicaire de Jesus-Christ de sa prison ? Les Pasteurs du second ordre chargés du salut et par conséquent de l'instruction du troupeau confié à leurs soins, s'acquittent-ils mieux de ce devoir ? On craint de se compromettre, et on néglige pour cette raison ses étroites obligations. *Tenetur quisque confiteri fidem quandò per omissionem hujus confessionis subtraheretur honor debitus Deo, et etiam utilitas proximis impendenda.* S. Thomas. *e.* 2. q. 3. et. 2.

Mais ne seroient-ce pas tant de discours, de rapports des orateurs du gouvernement, de Portalis, de Siméon, de Jaucourt au sujet de la loi du 18 Germ. an X, de discours de Portalis pour dégrader le mariage des Catholiques jusqu'à un simple acte civil, pour ôter à l'Eglise tout droit sur l'union conjugale, tout droit de statuer des empêchemens de mariage, etc. tant de discours et de pièces des ministres sur la situation de l'empire par rapport à la Religion, ainsi que celles par lesquelles on prétend justifier l'invasion de Rome et de tout le Patrimoine de St. Pierre, etc. etc. ne seroient-ce pas, dis-je, toutes ces pièces qui mériteroient les qualifications d'œuvres de l'ignorance et de la méchanceté, par lesquelles on voudroit semer dans l'Eglise Catholique de l'empire et même de tout le monde, le trouble et le désordre, l'indifférentisme de religion ou plutôt l'anéantissement de la Religion de J. C.?

» On ne nous détournera pas du grand but » vers lequel nous tendons, et que nous avons » déjà en partie heureusement atteint, le ré» tablissement des autels de notre Religion, » en nous portant à croire que ses principes » sont incompatibles.... avec l'indépendance » des trônes et des nations. »

Non certainement les principes de cette religion que vous établissez, ne sont pas incompatibles avec l'indépendance des trônes et des nations, puisque par les principes de cette religion que vous établissez vous la rendez dépendante de votre trône, vous l'y soumettez, vous la régissez par votre ministre des cultes, après l'avoir organisée par votre propre autorité ; vous lui prescrivez un corps de doctrine que vous avez fait rédiger ; vous réduisez le mariage des Chrétiens à un pur acte civil ; vous vous arrogez exclusivement le droit d'en prescrire la forme, les conditions ; vous établissez les empêchemens, et récusez et anéantissez tous autres ; sanctionnez le divorce, l'usure ; vous vous emparez exclusivement de l'enseignement civil et religieux de la jeunesse, anéantissez les vœux solemnels de Religion comme contraires à vos constitutions, établissez des fêtes religieuses ; déclarez l'Eglise incapable de propriété de biens fonds, et que sous ce prétexte vous enlevez jusqu'aux domaines du Chef de l'Eglise. Est-ce là le rétablissement des autels de la vraie Religion ? Vous rétablissez la Religion, mais si défigurée qu'on ne la reconnoît plus ; la religion que vous prétendez rétablir, est une religion qui a pour bases la liberté indéfinie des cultes, les idées libérales ; enfin, comme dit Pie VII, » Les formules de vos sermens, vos constitutions, votre code, vos lois, vos actes » exhalent par-tout l'indifférentisme au moins » pour toutes les religions, sans excepter » l'hébraïque essentiellement ennemie implacable de J. C., indifférentisme qui ne suppose aucune religion, et qui est le système » le plus injurieux, le plus opposé à la Religion Catholique ,,. (Instruction aux Evêques, etc. du 22 Mai 1808.) Voilà l'espèce de religion qu'on établit, et les principes d'une telle religion, comme nous l'avons encore dit, ne sont pas seulement incompatibles avec l'indépendance des trônes, mais ils sont dépendans des trônes. Il n'est donc pas surprenant que l'on ne parvienne pas à vous détourner du grand but vers lequel vous tendez et que vous avez déjà en partie atteint, le rétablissement des autels de votre religion, puisque vous le créez en quelque manière pour la dominer et la régir comme l'ouvrage de vos mains. Au reste, nous sommes loin de croire que la vraie Religion Catholique, Apostolique et Romaine soit incompatible avec l'indépendance des trônes et des nations : au contraire nous soutenons que cette Religion est le plus ferme appui des trônes : sa doctrine est invariable; et elle prêche plus efficacement qu'aucune secte le respect et la fidélité envers les souverains ; » Elle donne » sans cesse, dit Mr. de Fénélon, l'exemple » de la soumission et du zèle pour l'autorité » légitime; elle verseroit tout son sang pour la » soutenir ». (Discours de l'Archev. de Cambray au jour du sacre de l'Archev. Electeur de Cologne.)

On dit qu'on ne veut *pas partager les erreurs des Grecs, des Anglois, des Protestans et des Calvinistes qui prétendent que les principes de la Religion Catholique sont incompatibles avec l'indépendance des trônes.*

Quelle hypocrisie! ne semble-t-il pas qu'on soit sincèrement Catholique, tandis que tout, le serment fait au sacre, les constitutions, les lois, les discours des ministres du gouvernement n'établissent que l'indifférentisme de Religion, tellement qu'on peut lui appliquer ce que disoit S. Léon de l'ancienne Rome : *Haec autem civitas ignorans suae provectionis auctorem, cùm penè omnibus dominaretur gentibus, omnium gentium serviebat erroribus : et magnam sibi videbatur assumpsisse religionem, quia nullam respuebat falsitatem.* (S. Leo serm. 1. in Natali Apost. Petri et Pauli.) Ne semble-t-il pas qu'on soit éloigné des sentimens de ces sectaires, tandis qu'on les partage dans le fait ; puisque plus que les souverains de ces sectaires on soumet la Religion au trône, on la domine par des lois, et on ne cesse d'exercer la suprématie sur elle. » La protection de tous les cultes, dit » Pie VII *ibid.* que dessus, jurée et vantée » par le gouvernement François, n'est autre » chose qu'un prétexte et une couleur pour » la puissance laïque de s'ingérer dans les af- » faires spirituelles qui, en respectant vrai- » ment toutes les sectes avec toutes les opi- » nions, coutumes et superstitions, n'a ef- » fectivement aucun respect *pour les droits,* » *pour les institutions, pour les lois de la* » *Religion Catholique, etc.* »

Mais d'où vient cette espèce de profession de foi Catholique et de désaveu des erreurs des sectaires précisément dans le moment où après avoir détenu prisonnier le Chef de l'Eglise Catholique dans son propre palais du Quirinal, pendant 18 mois, après avoir démembré ses états il y a un an, après avoir envahi récemment ce qui restoit de ses états jusqu'à la ville de Rome même, et les avoir réunis au grand empire, on arrache enfin ce Chef de l'Eglise de son Siége, pour le déporter par des gendarmes de brigade en brigade en France, et l'y tenir enfermé; ce Chef de l'Eglise qui a fait plus de sacrifices pour ce Prince qu'aucun Pape n'ait fait en faveur d'aucun souverain, qui a poussé la complaisance envers lui au-delà de ce qu'il pouvoit même espérer : voilà la reconnoissance! C'est pour diminuer sans doute l'impression que font naturellement ces actes de violence sur un si digne et si pieux Pape, qui auroit dû mériter toute la reconnoissance, qu'on fait cette espèce de protestation de catholicité. Mais qui en est la dupe, sinon celui qui ferme les yeux à la lumière? On fait cette espèce de protestasion précisément à l'époque où on a donné les ordres pour l'arracher de son Siége par l'injure la plus grande. Ce procédé est si révoltant, qu'on donne des ordres par-tout pour le tenir caché; aucune feuille publique n'ose en faire mention.

» Nous savons que ceux qui voudroient » faire dépendre de l'intérêt d'un temporel pé» rissable, l'intérêt éternel des consciences et » des affaires spirituelles, sont hors de la » charité, de l'esprit et de la Religion de » celui qui a dit : *Mon Empire n'est pas » de ce monde.* »

Que veut dire cet entortillage de mots? Prétend-on, justifier par-là une usurpation sacrilége? Se sert-on de ce langage et de ces expressions, parce que le Souverain Pontife a dit dans son Instruction aux Evêques des quatre provinces arrachées l'an dernier du Patrimoine de S. Pierre : » Non-seulement » celui qui est l'auteur de cet envahissement, » mais quiconque en est complice, est cou» pable, et sujet aux peines correctives, et » parmi ces peines, il est connu à tout le » monde quelles et combien terribles sont « celles de l'Eglise foudroyante contre les en» vahisseurs et usurpateurs de ses droits et » de ses biens ». Voudroit-on par représailles excommunier le Pape, en le déclarant *hors de la charité, de l'esprit et de la Religion chrétienne*, parce qu'il a rappellé à l'envahisseur du Patrimoine de l'Eglise et à ses complices, à l'envahisseur d'*un temporel périssable*, l'intérêt éternel des consciences et des affaires spirituelles, c'est-à-dire en autres termes, les peines spirituelles de l'Eglise qui sont terribles et foudroyantes contre les envahisseurs et usurpateurs de ses droits et de ses biens, et qui n'a pas d'autres armes que celles-là pour se faire respecter, et qui néanmoins sont plus terribles que toutes les autres peines. Oui, oui, malgré tout ce qu'on en dit, l'envahissement d'un bien périssable compromet un bien impérissable, et en assure la perte. En envahissant le Patrimoine de l'Eglise, on est sans doute dans la charité, dans l'esprit et dans la Religion de celui qui a dit : » Le bien d'au» trui tu ne prendras ni retiendras à ton escient » !

On rappelle que notre Seigneur a dit : *Mon Empire n'est pas de ce monde.* Non certainement son Empire n'est pas de ce monde; tout-puissant qu'il est, Souverain suprême qu'il est, il s'enfuit sur la montagne lorsqu'on voulut le faire roi; il s'est réduit au contraire à la condition d'esclave, il s'est livré à ses ennemis, il a été l'homme de douleurs pour nous sauver : mais l'humilité de sa Croix a vaincu le monde entier. *Et ego si exaltatus fuero, omnia traham ad me* (Joan. xiij. 32.). C'est par l'humilité de sa croix qu'il s'est fait reconnoître de tous les peuples, des rois et des bergers, des grands et des petits, comme leur Maître, qu'il s'est fait obéir comme à leur Monarque. Cette Croix, l'instrument de la mort ignominieuse de celui qui disoit : *Mon Royaume n'est pas dans ce monde*, a passé cependant du lieu du supplices sur le front des Empereurs, ainsi que le dit St. Augustin : *Attende gloriam Crucis ipsius. Jam in fronte regum Crux illa fixa est, cui inimici insultaverunt : effectus probavit virtutem; domuit orbem non ferro, sed ligno* (S Aug. in Psalm. LIV.). Elle brilloit au-dessus de leurs diadêmes, terminoit leurs sceptres, elle étoit la marque des ordres honorifiques; par là ces souverains montroient qu'ils soumettoient leurs couronnes, leurs sceptres à celui qui a dit : *Mon Royaume n'est pas de ce monde*; mais aujourd'hui celui qui fait enseigner par décret impérial qu'il est le *suscité de Dieu pour rétablir la Religion sainte de nos pères*, a-t-il fait surmonter sa couronne et son sceptre de la Croix ? La légion d'honneur

qu'il

qu'il a instituée, est-elle décorée d'une Croix?

En rappellant ces paroles du Sauveur : *Mon Royaume n'est point de ce monde*, on veut sans doute insinuer que le Chef de l'Eglise ne peut pas posséder des états, et par-là légitimer l'enlevement qu'on lui a fait du Patrimoine de S. Pierre. Mais le Sauveur, qui s'étoit, comme nous l'avons dit, anéanti jusqu'à prendre la forme et la nature d'esclave, se rendre semblable aux hommes pour nous racheter, après avoir avoué devant les Pontifes et les Pharisiens qu'il étoit roi, interrogé par Pilate, il explique ce qu'il entendoit par-là, en disant que son royaume n'est pas tel que ceux de ce monde; car, dit-il, si mon royaume étoit tel, j'aurois des ministres, des gardes, des soldats, et mes gens auroient combattu pour m'empêcher de tomber entre les mains des Juifs; mais mon royaume n'est pas d'ici, puisque personne n'y combat pour moi (*Joan. xviij*. 36.), mon royaume est un royaume céleste et éternel, qui commence d'une manière spirituelle en cette vie, et qui n'est parfait que dans le ciel. Enfin il vouloit dire par-là que son royaume ne devoit pas porter ombrage à celui de César. Mais le Sauveur n'a pas insinué par-là que ses ministres ne pouvoient posséder des biens temporels : Le Seigneur dans l'ancienne loi disoit : » J'ordonne à mon » peuple de donner à mes *Lévites*, de » ses possessions respectives quarante-huit » villes avec leurs fauxbourgs pour les ha-

***

» biter et les champs qui les cernent de tous » côtés, à la distance de mille pas en dehors » des murs de chaque ville. (*Num*. xviij. *Ibid*. xxxv. *Josué*. xj. 2. etc. Voilà des domaines, des propriétés de biens fonds décernés aux *Lévites*, et par ordre de Dieu même. Donc il n'est pas contraire à la loi de Dieu que l'Eglise et surtout son Chef possèdent des biens fonds, des villes, etc (*a*). » Dès » la naissance de l'Eglise, dit Fleury, les » fidèles se multipliant à Jérusalem, les Apô- » tres, jugèrent à propos d'établir sept dia- » cres pour se décharger sur eux *du soin* » *du temporel qui étoit grand en cette Egli-* » *se*.... Les diacres avoient deux sortes de » fonctions ; dans l'Eglise ils servoient à l'au- » tel.... hors de l'Eglise ils avoient soin du

---

(*a*) „ Nous savons dit le Pape Pie VI dans la Lettre à l'empereur Joseph II, du 3 Août 1782, que les adversaires de notre Religion, des hérétiques, des catholiques en apparence, de faux maîtres, des flatteurs de Princes, pour soutenir leurs erreurs, s'étayent de divers passages des Saintes Ecritures, afin de pouvoir priver l'Eglise et ses ministres de la possession de leurs biens. Cependant ils savent tous que les Lévites d'Israël possédoient de vastes territoires, des cités entières, et que tous ces biens étoient inaliénables, comme consacrés et appartenant au sacerdoce. Pourquoi donc ne pas concilier les livres du Lévitique, des Nombres, des Rois, des Paralipomenes avec les expressions qui paroissent quelquefois contradictoires à ceux qui ne savent pas mieux ? Pourquoi ne pas les concilier, comme l'ont fait les Pères de l'Eglise, pour ne pas donner témérairement dans une hérésie manifeste, en taxant de contradiction les Livres Saints dictés par la Sagesse divine. ? „

» *temporel....* Le premier des diacres s'appella
» depuis *Archidiacre....* Il étoit dès les pre-
» miers tems, le principal ministre pour tou-
» tes les fonctions extérieures, *particuliére-*
» *ment pour l'administration du* TEMPOREL.
» *Il avoit l'intendance des oblations et*
» DES REVENUS *de l'Eglise* » (Instit. au droit Eccles. ch. 8. 3. 19.) » A l'imitation des
» Apôtres, dit Gohard, *Traité des bénéfi-*
» *ces Eccles.*, les Evêques d'Occident con-
» fièrent dans les premiers siècles l'*adminis-*
» *tion des biens temporels de leurs Eglises*
« aux premiers diacres qu'on appella depuis
» *archidiacres* ,,. Les Eglises possédoient donc des biens temporels, des revenus, et il conste qu'avant la conversion des empereurs elles possédoient des biens fonds, puisqu'ils furent confisqués par Dioclétien et par Maximien en 302. Constantin et Licinius les firent restituer par un édit en 313. Dans la vie de Constantin par Eusèbe *lib.* 2. *c.* 39. il est dit : » Ainsi nous ordonnons qu'il soit res-
» titué aux Eglises tout ce qui avec justice
» paroîtra leur avoir appartenu, soit *mai-*
» *sons*, *champs*, ou *jardins*, soit quel-
» qu'autre chose que ce soit ». *Omnia ergò quae ad Ecclesias rectè visa fuerint pertinere* sive domus, sive agri, sivè horti seu quæcumque alia.... *restitui jubemus.* Voyez encore Lactance *de Mortibus persecutorum*, c. 48. Voyez aussi *Doctrine et tradition de l'Eglise sur la nature, la propriété, l'usage et l'administration des biens Ecclésiastiques depuis les Apôtres jusqu'à nos jours* 1801.

L'Eglise a donc pu posséder des biens fonds en propriété, et elle en a possédé réellement depuis sa naissance jusqu'à nos jours. Lorsque les Arnaud de Bresse, les Vaudois, les Wicleffites, les Hussites soutinrent que les ministres de l'Eglise ne pouvoient posséder des biens, ils furent condamnés par les conciles généraux de Latran en 1139 et de Constance en 1415, et le concile de Trente sess. 22. c. 11, lance les censures de l'Eglise contre tous les usurpateurs des biens de l'Eglise, de quelque dignité ils soient ornés, soit impériale soit royale ; ces biens étant destinés, dit-il, à la subsistance des ministres du Seigneur (*a*).

Cependant dès le commencement de la révolution on a pris à tâche de dépouiller l'Eglise de France de tous ses biens, on les a déclarés biens nationaux, et on a réduit les ministres chargés du soin du salut des ames, et les autres bénéficiers à ne plus avoir que des pensions, et à vivre en partie de la charité des fidèles : sous le gouvernement moderne on poursuit le même système,

---

(*a*) On lit dans la Lettre du Pape Pie VI à l'Empereur Joseph II citée ci-dessus, ces mots : „ Nous disons à V. M. que dépouiller les Ecclé„ siastiques et les Eglises des biens temporels qui „ leur ont été affectés, est en fait de doctrine „ Catholique, un attentat manifeste condamné „ par les conciles, réprouvé par les Saints Pères, „ et qualifié par les plus respectables et recom„ mandables écrivains de doctrine perverse et „ de dogme impie. „

et pour quelle raison ? Siméon orateur du gouvernement dans la séance du Corps Législatif du 17 Germinal an X sur le projet de loi relatif au Concordat, nous l'apprend : » C'est afin, dit-il, que le gouver-
» nement tienne les ministres de tous les
» cultes *dans sa dépendance par leur sa-*
» *laire* ». Peu content de tenir par ce moyen les Evêques et les autres ministres de l'immense empire dans sa dépendance, on a encore voulu y tenir le Chef de l'Eglise. Pour cela on le dépouille de ses Etats, et on les réunit encore au grand empire malgré la foi des traités faits avec ce même gouvernement, et pour justifier cette déprédation, on avance gravement que Notre Seigneur a dit : *Mon Royaume n'est pas de ce monde.* Parce que Notre Seigneur, le Roi des rois, a bien voulu par humilité vivre dans le dénuement de tout, pour ne pas être censé établir sa doctrine par le faste, les richesses ou la force ; parce qu'il a éloigné de cet établissement tous moyens humains, afin qu'on y reconnût manifestement l'œuvre divine, on n'a jamais cru que ses ministres, comme nous l'avons prouvé, dussent ne posséder aucune propriété ici-bas, n'avoir point de biens fonds, surtout après que la Religion Chrétienne étoit suffisamment établie dans l'univers pour qu'il fût démontré que son établissement étoit l'œuvre de la droite de Dieu. Au contraire il est prouvé par le fait et par le droit qu'elle a pu posséder des biens fonds et qu'elle en a constamment et paisi-

blement possédé ; et les auteurs françois les plus célèbres ont attribué à la Providence divine que le Chef de l'Eglise eût surtout des Etats indépendans : » Dieu, dit Bossuet dans son Discours sur l'*Unité de l'Eglise* » Dieu voulut que cette Eglise, la Mère com- » mune de tous les royaumes, dans la suite » ne fût dépendante d'aucun royaume dans » le temporel, et que le Siége où tous les » fidèles devoient garder l'unité, à la fin fût » mis au-dessus des partialités que les di- » vers intérêts et les jalousies d'Etat pour- » roient causer.... L'Eglise indépendante dans » son Chef de toutes les puissances tempo- » relles, se voit en état d'exercer plus libre- » ment, pour le bien commun et sous la » commune protection des rois chrétiens, » cette Puissance céleste de régir les ames, » et tenant en main la balance droite au mi- » lieu de tant d'empires souvent ennemis, » elle entretient l'unité dans tout le corps, » tantôt par d'inflexibles décrets, et tantôt » par de sages tempéramens ».

» Le Pape, dit le président Hénault, n'est » plus comme dans les commencemens le su- « jet de l'Empereur ; depuis que l'Eglise s'est » répandue dans l'univers, il a à répondre » à tous ceux qui y commandent ; et par con- » séquent aucun ne doit lui commander. La » Religion ne suffit pas pour imposer à tant » de souverains ; et Dieu a justement permis » que le Père commun des fidèles entretînt » par son indépendance le respect qui lui est » dû. Ainsi donc, il est bon que le Pape

» ait la propriété d'une puissance temporelle » en même-tems qu'il a l'exercice de la spi- » rituelle, etc ». (*Abrégé Chron. de l'Hist. de France* : Remarques sur la 2me. race, édit. de 1768).

„ Tant que l'Empire Romain, dit Fleury „ (4me. *Discours sur l'Histoire Ecclé-* „ *siastique*, N°. x. vers la fin) a subsisté, „ il renfermoit dans sa vaste étendue pres- „ que toute la Chrétienté ; mais depuis que „ l'Europe est divisée entre plusieurs princes „ indépendans les uns des autres, si le Pape „ eût été sujet de l'un d'eux, il eût été à „ craindre que les autres n'eussent eu peine „ à le reconnoître pour père commun, et „ que les schismes n'eussent été fréquens : on „ peut donc croire que c'est par un effet „ *particulier de la Providence* que le Pape „ s'est trouvé indépendant et maître d'un „ état assez puissant pour n'être pas aisément „ opprimé par les autres souverains, afin „ qu'il fut plus libre dans l'exercice de sa „ puissance spirituelle, et qu'il pût conte- „ nir plus facilement tous les autres Evê- „ ques dans leur devoir. C'étoit la pensée „ d'un grand Evêque de notre tems „. „ Sans „ cette indépendance, dit l'abbé Terrasson, il „ arriveroit que dès la première querelle d'un „ état Chrétien avec l'autre, les rois ou les „ autres chefs voudroient se distinguer par „ quelque croyance particulière „.

L'abbé Bergier s'exprime comme s'ensuit dans son *Traité de la vraie Religion*, tom. xj. 5me. part. chap. 9, §. 14. „ Nous soutenons

„ avec le président Hénault, avec Leibnitz, „ et avec d'autres écrivains très-sensés, qu'il „ est utile et convenable que le Père commun des fidèles ne soit ni sujet ni vassal „ d'aucun Prince ; qu'il doit avoir, à l'égard „ de tous, la même attention et la même impartialité. Sans la réunion des deux pouvoirs, les Papes n'auroient pas pu rendre à „ l'Eglise les services qui lui ont rendus, etc „. Enfin Voltaire lui-même observe que les „ Papes d'Avignon étoient trop dépendans „ des volontés des rois de France, et ne „ jouissoient pas de la liberté nécessaire au „ bon emploi de leur autorité „. *Annales de l'Empire, tom. 1, pag. 397.*

Puisque c'est par un effet de la Providence divine que les Papes ont possédé pendant une si longue suite de siècles des Etats indépendans ; que c'est Dieu qui l'a ainsi voulu, comme le dit Bossuet, donc les paroles du Sauveur : *Mon Royaume n'est point de ce monde*, n'insinuent rien de contraire à cette possession : donc on ne justifie pas par ces paroles l'invasion de ses Etats qui sera toujours une invasion sacrilege, contre toute justice et contre tout droit. Les biens de l'Eglise ont toujours été l'objet de la jalousie et de la convoitise des ennemis de la Religion, tandis que les puissances vraiment Catholiques les ont constamment respectés, protégés et augmentés.

Voyons les autres prétextes de cette usurpation.

Dans le décret du 17 Mai 1809 par lequel on

on unit les Etats Romains au grand Empire, on employe d'autres prétextes pour justifier cette usurpation. Il y est dit : » Considérant „ que, lorsque Charlemagne empereur des „ François et notre auguste Prédécesseur, fit „ don *aux Evêques* de Rome de diverses „ contrées, il les leur céda à titre de fief, „ pour assurer le repos de ses sujets, et sans „ que Rome ait cessé pour cela, d'être une „ partie de son empire „.

Le Pape a répondu d'avance à ce *Considérant* le 19 Mai 1808 au sujet de l'usurpation des provinces d'Urbino, Macerata, Ancône et Camerino : „ Il est suffisamment „ connu, dit-il, que ce grand et illustre „ monarque (Charlemagne), dont la mé- „ moire sera éternellement en bénédiction „ dans l'Eglise, ne donna pas au S. Siége „ ces provinces aujourd'hui envahies : il est „ connu qu'elles ont été possédées par les „ Souverains Pontifes depuis une date beau- „ coup plus ancienne, et ce par une dona- „ tion volontaire des peuples qui avoient été „ abandonnés par les Empereurs d'Orient; „ qu'ensuite ayant été envahies par les ar- „ mes des Lombards, Pépin, l'illustre et „ courageux père de Charlemagne, les arra- „ cha de leurs mains, et les rendit avec un „ acte de donation au Pape Etienne; que „ cet Empereur qui fut l'admiration du 8me. „ siecle, loin de vouloir révoquer cet acte „ courageux et généreux de son père Pépin, „ l'a approuvé et confirmé sous Adrien : que „ loin de vouloir dépouiller le S. Siége de

„ ses possessions, il n'eut d'autre soin que „ de les défendre et de les augmenter ; de „ sorte qu'il prit à cette fin la résolution „ d'enjoindre par son testament à ses trois „ fils, de la manière la plus expressive, de „ les défendre par leurs armes : qu'il ne „ laissa à ses *Successeurs* aucune espèce de „ droit pour révoquer ce que lui et Pépin „ avoient fait pour l'avantage du Siége de „ S. Pierre (*a*), pendant que sa seule vo- „ lonté étoit de défendre les Souverains Pon- „ tifes contre leurs ennemis, et non de les „ forcer à s'en faire de nouveaux : que dix „ siècles écoulés depuis Charlemagne, que „ mille ans d'une paisible possession rendent „ inutiles toutes recherches et toutes explica- „ tions ultérieures (*b*), quoique même ce „ pieux Prince au lieu de rendre ou de don- „ ner d'une manière illimitée, eût rendu ou „ donné ces possessions au profit de la chré- „ tienté, dans la seule intention du bien- „ être de la Chrétienté, et pour parler juste,

(*a*) Donc Charlemagne ne les céda point aux Papes *à titre de fief*, comme il est dit dans le *Considérant*.

(*b*) „ Tous ces droits sont légitimes, dit Fleury „ (*Discours* cité ci-dessus) ; il n'est non plus permis „ de les contester à l'Eglise qu'aux Laïques : et „ pour revenir à l'Eglise Romaine, il seroit très- „ injuste de lui disputer la souveraineté de Rome „ et d'une grande partie de l'Italie dont elle est „ en possession depuis tant de siècles, puisque „ la plupart des souverains n'ont pas de meilleur „ titre que la longue possession „. En effet on convient généralement que la prescription doit avoir particulièrement lieu pour les possessions des souverains.

„ au profit de la Religion Catholique „. Ce n'est donc pas strictement parlant une donation que Charlemagne a faite à l'Eglise de Rome de diverses contrées, le Pontife de Rome les possédoit depuis longtems; mais les Lombards en usurpèrent plusieurs, et le roi Pépin les ayant arrachées de leurs mains, les rendit à leur ancien possesseur „. En „ l'assemblée de Quiercy, dit Fleury, (liv. 43, No. 13, an. 754) le roi Pépin fit une „ donation au Pape Etienne et à l'Eglise „ romaine, de plusieurs villes et territoires „ d'Italie *usurpés par les Lombards*, et la „ fit tant en son nom, que des deux Prin- „ ces Charles et Carloman ses enfans „.

(No. 14) „ Le Pape donna en même- „ tems au roi et à ses deux fils le titre de „ *Patrices* des Romains pour les engager à „ la protection de Rome „. Pépin ne se regardoit donc pas comme le souverain de Rome.

„ Le roi Pépin par le conseil du Pape „ envoya jusqu'à trois fois des ambassadeurs „ au roi Astolfe (roi des Lombards) pour „ lui offrir la paix s'il vouloit rendre à l'E- „ glise et à l'Empire ce qu'il avoit usurpé. „ Comme il persista dans son refus, Pépin „ marcha contre lui..... réduisit Astolfe à „ s'enfermer dans Pavie où il l'assiégea ; alors „ le Pape le pria encore d'épargner le sang „ Chrétien. On fit un traité entre les *Ro-* „ *mains*, les François et les Lombards, par „ lequel Astolfe et tous les seigneurs de sa „ nation promirent, sous de grands sermens

„ et par écrit de rendre incessamment Ra-
„ venne et plusieurs autres villes... Quand
„ Pépin fut repassé en France, Astolfe
„ bien loin de rendre les places qu'il avoit
„ promises, recommença à maltraiter les Ro-
„ mains. (An. 755, No. 16.) Ses troupes
„ parurent devant Rome, qu'il tint assiégée
„ trois mois „.

(No. 17.) „ Le Pape écrivit au Roi et
„ aux François une Lettre au nom de S. Pierre.
(No. 18.) „ Pépin se rendit à des ins-
„ sances si pressantes; il marcha en Lom-
„ bardie avec toutes ses troupes.... Grégoire
„ ambassadeur de Constantin, empereur d'O-
„ rient, ayant joint Pépin devant Pavie, il
„ le pria instamment avec de grandes pro-
„ messes, de rendre à l'Empereur, Ravenne
„ et les autres places de l'Exarcat. Mais le
„ Roi, étant engagé par la donation qu'il
„ avoit faite à Quiercy, répondit qu'il ne
„ souffriroit en aucune manière que ces
„ places fussent aliénées *de la puissance de*
„ *St. Pierre et du droit de l'Eglise Ro-*
„ *maine*, etc. etc.... Il pressa tellement le
„ siege de Pavie que le roi des Lombards
„ lui demanda quartier, et promit d'exécu-
„ ter le traité de l'année précédente et de
„ rendre toutes les places. Le Roi en fit une
„ donation à St. Pierre, à l'Eglise Romaine
„ et à tous les Papes *à perpétuité;* et elle
„ fut gardée dans les archives de cette Eglise.
„ Pour lui il retourna en France, laissant
„ la commission de retirer les places à l'abbé
„ Fulrad, son conseiller, qui se rendit à Ra-
„ venne avec des députés du roi Astolfe, et

„ ensuite dans toutes les villes de la Pentapole „ et de l'Emilie dont il emporta les clefs à „ Rome et les posa avec la donation du roi „ Pépin sur la Confession de S. Pierre : il „ mit ainsi le Pape en possession de toutes „ ces villes, au nombre de vingt-deux, etc. (Liv. 44, an. 772. No. 2.) „ Didier „ (roi des Lombards, successeur d'Astolfe) „ avoit pris plusieurs villes de l'Exarcat, tenoit „ Ravenne bloquée, ruinant tout le pays d'a- „ lentour.... Le Pape Adrien voyant qu'il „ n'avançoit rien auprès de Didier qui au „ contraire menaçoit Rome, eut recours au „ roi Charles.... Didier sortit de Pavie avec „ ses troupes, et marcha vers Rome.... „ (No. 4.) Le Pape le conjura par tous „ les divins mystères de ne point entrer *sans* „ *son congé* sur les terres des Romains.... „ Charles ayant encore essayé plusieurs fois „ d'obliger Didier à traiter à l'amiable, passa „ enfin les Alpes et l'assiégea dans Pavie. „ Cependant tous les Lombards de Rieti et „ de Spolete vinrent se donner au Pape „ Adrien qui, les ayant assemblés dans l'E- „ glise de S. Pierre, leur fit prêter serment „ de fidélité pour lui et ses successeurs et „ le Pape leur donna pour Duc l'un d'entr'eux „ qu'ils choisirent.... Les habitans de Fer- „ mo, d'Ossimo, d'Ancône et Foligni, en „ firent de même.

(N°. 5.) » Le Siege de Pavie dura six mois, „ et le roi Charles y passa l'hiver et le ca- „ rême de 774. Quand il vit approcher la „ fête de Pâques, il résolut de satisfaire le „ desir ardent qu'il avoit de visiter les Eglises

„ des SS. Apôtres, et marcha vers Rome,
„ accompagné de plusieurs Evêques et de
„ plusieurs Abbés; il menoit aussi des ducs,
„ des comtes et d'autres seigneurs et des trou-
„ pes pour sa sûreté.... Le Pape Adrien,
„ extrêmement surpris de cette agréable nou-
„ velle, *envoya tous les magistrats de Rome*
„ *au-devant du Roi*, jusqu'à 30 milles, où
„ ils le reçurent avec la bannière. Quand il
„ fut à un mille de Rome, *le Pape envoya*
„ *au-devant toutes les compagnies de la*
„ *milice avec leurs chefs.* Sitôt que le Roi
„ vit les croix que l'on portoit à sa rencontre,
„ il descendit de cheval avec les seigneurs qui
„ l'accompagnoient, et s'avança à pied jusqu'à
„ l'Eglise de S. Pierre. ... Ensuite le Roi pria
„ instamment le Pape de LUI PERMETTRE
„ D'ENTRER A ROME pour accomplir ses
„ vœux et faire ses prières en diverses églises.
„ Ils descendirent l'un et l'autre près du corps
„ de S. Pierre avec les seigneurs Romains et
„ François, et se promirent sûreté par ser-
„ mens réciproques.... Le lendemain qui étoit
„ le jour de Pâque, *le Pape envoya au Roi*
„ *dès le matin tous les magistrats et les*
„ *officiers de guerre qui le conduisirent*
„ *avec les François à Ste. Marie Majeure....*
„ Le mercredi le Pape vint conférer avec le
„ Roi à St. Pierre, et le pria de confirmer la
„ donation qu'il avoit faite au Pape Etienne
„ à Quiercy avec le Roi Pépin son père et
„ Carloman son frère. Le Roi la fit lire, et
„ l'ayant approuvée avec tous les seigneurs,
„ il en fit dresser une pareille par Etherius
„ ou Itier son chapelain et son notaire, et la

„ signa de sa main.... Les Evêques et les sei-
„ gneurs souscrivirent aussi à la donation :
„ *elle fut mise premièrement sur l'autel de*
„ *S. Pierre, puis sur la Confession, et ils*
„ *promirent tous de la conserver sous un*
„ *terrible serment. Le Roi en fit faire par*
„ *Etherius une copie qu'il mit de sa propre*
„ *main sur le Corps de S. Pierre et sous*
„ *l'Evangile*, qu'on avoit accoutumé d'y
„ baiser et en emporta une autre copie écrite
„ par le scrinaire de l'Eglise Romaine....
„ Charles étant retourné au Siege de Pavie,
„ Didier fut obligé de se rendre, et fut en-
„ voyé en France, etc. Charles prit depuis
„ ce tems le titre du Roi des François et
„ des Lombards.

» Non-seulement, dit le P. Daniel, *Hist.*
„ *de France*, le roi signa cette donation, mais
„ encore il y fit souscrire les Evêques, les
„ Abbés et tous les seigneurs de sa suite. Elle
„ fut d'abord mise sur l'autel de S. Pierre et
„ ensuite dans son tombeau, sur lequel le
„ Pape et le Roi renouvellèrent leurs ser-
„ mens. On en fit plusieurs exemplaires, dont
„ celui qui avoit été écrit par le chapelain
„ Ithier, servant alors de secrétaire au Roi,
„ *fut mis par le Roi même, après qu'il*
„ *l'eut baisé avec beaucoup de respect, sur*
„ *le corps du Prince des Apôtres;* et ce
„ même secrétaire, par ordre du Roi, prit
„ avec lui quelques-unes des autres copies
„ écrites de la main de celui qui avoit la
„ charge des archives de l'Eglise de S. Pierre ».
(An. 8:6, liv. 45, n°. 34.) Fleury rapporte
que Charlemagne fit à Thionville dans l'as-

semblée des seigneurs, le partage de ses états, pour être observé après sa mort entre ses trois fils. Puis il ajoute : » Il y recommande sur „ toutes choses aux trois frères de prendre „ tous ensemble la défense de l'Eglise de S. „ Pierre, comme son aïeul Charles, et Pépin „ son père ».

Tout ce qui est contenu dans ces extraits est bien conforme à ce que Pie VII dit dans le passage de sa Lettre ci-dessus rapporté. On voit que les souverains Pontifes possédoient, antérieurement au Roi Pépin, Rome et d'autres états ; mais ces états ayant été *usurpés* par les armes des Lombards, le Roi Pépin les reprit et les rendit au Pape. On fit un traité entre les Romains, les François et les Lombards. Enlevés derechef par le roi des Lombards, Pépin les arracha encore des mains des *usurpateurs*, et dit qu'il ne souffriroit en aucune manière que ces places *fussent aliénées de la puissance* DE *S. Pierre et du droit de l'Eglise romaine* ; et il confirma la donation qu'il avoit faite à Quiercy de ces conquêtes au Pape. Charlemagne imite son père, il vole aussi au secours du Pape, lui restitue ses possessions que le roi Didier avoit usurpées, et confirme la donation du Roi Pépin son père avec plus de solemnités qu'on ait jamais accompagné une donation. Il s'estimoit si peu le souverain de Rome, qu'il demande instamment au Pape de lui *permettre d'entrer à Rome*. C'est le Pape en qualité de souverain de Rome, qui envoie à sa rencontre tous les magistrats de Rome, toutes les

compagnies

compagnies de la milice. Il envoie une seconde fois au roi tous les magistrats et les officiers de guerre qui conduisirent le Roi avec les François à Ste. Marie Majeure; cela ne prouve-t-il pas encore que le Roi regardoit le Pape comme le souverain légitime de Rome; bien loin qu'il s'en regardât comme le maître? C'est encore le Pape qui donne au Roi Pépin et à ses deux fils le titre de *Patrice* des Romains, pour les engager à la simple protection de Rome. Est-il un souverain dont les titres originaux soient plus assurés, plus solides, plus respectables, plus sacrés? Ajoutez à cela une possession paisible de dix siècles, comme est celle dont les souverains Pontifes ont joui: elle seule ne rendroit-elle pas toutes les recherches et toutes les explications ultérieures inutiles, comme le dit si bien Pie VII? Encore une fois, quel est le souverain qui ait des titres plus solides, mieux fondés ou même aussi bien fondés que ceux-là.

Il est dit dans ce *Considérant* que Charlemagne fit don aux *Evêques de Rome de diverses contrées.* Voudroit-on faire envisager le Pape comme simple Evêque de Rome? Les Catholiques professent hautement que l'Evêque de Rome est Evêque des Evêques, Successeur de S. Pierre, Vicaire de J. C. en terre, ayant une vraie jurisdiction dans toute l'Eglise. Le roi Pépin, dit Fleury (ci-dessus), *fit une donation* A SAINT PIERRE (pour désigner que c'est au Successeur de S. Pierre) *à l'Eglise Romaine et à tous les Papes à perpétuité.*

*****

„ *Et il les leur céda à titre de fief* „

Où y a-t-il apparence de fief dans les donations faites ? Où a-t-on vu que les possessions du St. Siége ayent relevé des rois de France, comme de leurs seigneurs suzerains ? Les rois ont-ils jamais fait valoir ce prétendu droit ? Dans différentes contestations que des rois de France ont eues avec le St. Siége, ils n'ont pas même réclamé ce prétendu droit ; et s'il eût même existé dans son origine, ce que l'on ne croit pas, il y auroit prescription bien fondée contre ? Nous avons vu ci-dessus que Pie VII dit que Charlemagne » ne laissa à ses Successeurs aucune » espèce de droit pour révoquer ce que lui » et Pepin avoient fait pour l'avantage de » S. Pierre ».

» Il les leur céda à titre de fief *pour as-* » *surer le repos de ses sujets.* »

Cette donation faite et garantie par un roi puissant assura bien le repos des Romains, troublé par les Lombards ; mais on ne voit pas en quoi elle assura le repos des François, sinon en tant que Catholiques, ils étoient aises que leur Père commun jouît d'une propriété suffisante pour être indépendant des autres Souverains, et libre pour régir l'Eglise universelle.

» *Sans que Rome ait cessé, pour cela,* » *d'être une partie de son empire* „.

Toute l'histoire dépose contre cette assertion, et prouve que les rois de France ont toujours regardé Rome comme un état indépendant de la France et appartenant au Pape comme à son légitime souverain. Lorsque

Charles VIII roi de France dans les troubles de l'Italie sous Alexandre VI marcha en Italie, il dit » que quoiqu'il lui fût aisé » d'entrer dans Rome par la force, il aimoit » mieux *que ce fût du consentement du* » *Chef de l'Eglise*, (Fleury liv. 117, No. 117, » liv. 118, No. 9.) qu'il ne vouloit pas céder » à la piété de ses ancêtres, ni manquer de » rendre ses respects au Vicaire de J. C.. » Le Pape fit avertir le roi qu'il pouvoit ve- » nir quand il lui plairoit.... Le Roi dit : » St. Père, je suis venu pour faire obédience » et révérence à votre Sainteté, comme ont » accoutumé de faire mes prédécesseurs rois » de France „. Ce langage du Roi dans cette circonstance si critique et de mécontentement, n'est pas celui d'un Roi qui regardoit Rome comme une partie de son empire. Toute l'histoire atteste que Rome bien avant Pepin et Charlemagne, étoit, nous le répétons, la Capitale du Patrimoine de S. Pierre, et que Pépin et Charlemagne n'ont fait que confirmer cette possession à *S. Pierre* ou aux Papes successeurs de S. Pierre.

» Considérant que, depuis ce tems, l'union » des deux pouvoirs spirituel et temporel, » ayant été, comme elle est encore, une » source de continuelles discordes, etc. »

Voilà la calomnie qu'on avance pour usurper le temporel du Patrimoine de S. Pierre, de Rome, la capitale autrefois de l'empire de César du pouvoir du quel on se vante d'être l'héritier, et que l'ambition ne peut souffrir entre les mains d'un ministre de Jesus-Christ, du successeur de S. Pierre; voilà, dis-je, la calomnie qu'on ne rougit pas d'avancer pour s'emparer de ce petit état et pour se l'approprier; petit état cependant qui ne pouvoit porter ombrage à aucun prince, et que tous les héritiers de Pépin et de Charlemagne n'ont cessé de respecter et de protéger; parce que, comme dit Bossuet, (nous répétons ce passage) » Dieu a voulu que cette » Eglise de Rome, la Mère commune de tous » les royaumes ne fut dépendante d'aucun » royaume dans le temporel, et que le Siege » où tous les fidèles *doivent garder l'unité*, » fût au-dessus des partialités que les divers » intérêts et les jalousies d'Etat pourroient » causer. L'Eglise indépendante dans son Chef » de toutes les puissances temporelles se voit » en état d'exercer plus librement, pour le » bien commun et sous la protection des rois » Chrétiens, cette puissance céleste de régir » les ames, et tenant en mains la balance » droite au milieu de tant d'empires souvent » ennemis, *elle entretient l'Unité dans* » *tout le corps* ». Que ce langage de Bossuet contraste avec celui du *Considérant.* Toute l'histoire prouve que l'union des deux pouvoirs dans le Chef de l'Eglise Catholique pour régir un petit état indépendant, bien loin d'avoir toujours été la source de continuelles discordes, a toujours été la *source et le centre de l'unité*, de l'union et de la concorde; et les Souverains Catholiques l'ont toujours envisagé ainsi : c'est pourquoi cette union des deux pouvoirs dans le Chef de l'Eglise a été respectée, protégée constamment pendant dix siecles.

L'union des deux pouvoirs bien loin donc d'avoir été une source de continuelles discordes, a été une source d'une continuelle union, concorde dans toute l'Eglise Catholique répandue dans tout le monde ; au lieu que l'usurpation du temporel, sera (daigne le Ciel nous préserver de ce malheur) le signal d'un schisme, d'une scission, une source de continuelles discordes et de malheurs incalculables.

» Considérant que les souverains Pontifes » ne se sont que trop souvent servis de l'in- » fluence de l'un pour soutenir les préten- » tions de l'autre, et que pour cette raison, » les affaires spirituelles qui, de leur nature, » sont immuables, se trouvèrent confondues » avec les affaires temporelles qui changent » suivant les circonstances et la politique des » tems ».

Si les souverains Pontifes se sont quelquefois servis de l'influence du pouvoir spirituel pour soutenir des prétentions temporelles, c'est que c'étoit la jurisprudence du tems où cela se fit, et les souverains eux-mêmes y donnoient les mains. Mais ces prétentions temporelles n'étoient jamais pour s'approprier de nouvelles provinces, pour usurper des domaines temporels. » La conduite des au- » tres cours, dit le comte d'Albon, (Discours *sur l'histoire, le gouvernement*, etc. *de plusieurs nations de l'Europe*) est non „ moins répréhensible et bien plus inconce- » vable.... Les souverains Pontifes eussent- » ils les premiers donné cours à cette fausse » opinion, *ils n'en abuserent pas pour*

» *soumettre à leur empire de nouvelles con-* » *trées ; ils ne tirèrent de leur politique au-* » *cun avantage* : pourquoi leur en faire un » crime, tandis qu'on ne dit rien de ceux » qui surent plus d'une fois la mettre à pro- » fit » ? Aujourd'hui qu'on a pris pour maxime fondamentale que (Portalis au conseil d'état, au sujet de la loi du 18 germ. an x.) » la » puissance publique doit se suffire à elle- » même ; qu'elle n'est rien, si elle n'est tout ; » que les ministres de la Religion ne doivent » point avoir la prétention de la partager ni » de la limiter ». Que la supposition des » deux puissances est tarie, etc. etc. ; (Exposé de la situation de l'empire le 2 nov. 1808.) l'on se sert de l'influence illimitée du pouvoir temporel pour envahir la puissance spirituelle, en dépouiller ceux qui en sont les dépositaires, et qui sont institués pour l'exercer, en même-tems qu'on enlève à l'Eglise ses propriétés temporelles qui avoient été jusqu'à présent regardées comme sacrées ; on profite de sa force pour opérer tout ce bouleversement ; par-là on espère de tenir tout le clergé, jusqu'à son Chef suprême, dans la dépendance, devant tirer sa subsistance du gouvernement ; on espère qu'on pourra *changer les affaires spirituelles, qui de leur nature sont immuables, qu'on pourra les changer*, dis-je, *suivant les circonstances et la politique des tems.*

» Considérant enfin que tout ce que nous » avons proposé pour concilier la sûreté de » nos armées, la tranquillité et le bien-être » de nos peuples, la dignité et l'intégrité de

» notre empire avec les prétentions temporelles des souverains Pontifes, ayant été » proposé en vain ».

Et qu'est-ce qu'on avoit proposé au Pape? de déclarer la guerre aux Anglois (décret du 2 avril 1808), que Rome entrât dans une ligue offensive et défensive avec Milan, Naples, etc., menaçant en cas de refus de le dépouiller de son autorité souveraine temporelle aussi-tôt qu'il n'y adhéroit pas (*Note* du ministre des relations extérieures Champagny, du 3 avril 1808). Que répond le Pape par son Card. prosecrétaire d'Etat, le 19 avril 1808? ... » Le St. Père ne devroit pas seulement s'engager par cette ligue offensive et » défensive à une simple et pure défense, » mais encore à une aggression; le ministre » du Dieu de paix se verroit alors dans un » état permanent de guerre; le Père commun » se verroit obligé à se soulever contre ses » enfans, et le Chef de la Religion s'exposeroit par son propre fait à voir rompre » ses rapports spirituels avec les Catholiques » des Puissances contre lesquelles il seroit » engagé par la ligue d'agir en ennemi. Et » comment pourroit S. S. manquer à son propre caractère, et sacrifier ses obligations essentielles sans se rendre coupable devant » Dieu des détrimens qui en résulteroient à » la Religion, etc »? Voyez toute cette pièce si intéressante, et celle du 19 mai 1808.

Que de contradictions, que d'inconséquences dans ces *considérans*! D'un côté on dépouille le St. Père de ses Etats, parce qu'il n'a pas voulu entrer dans une ligue offensive et défensive, dans un état permanent de guerre contre ses propres fils, parce qu'il n'a pas voulu faire de sa puissance temporelle l'abus le plus criant; de l'autre on l'en dépouille, parce que l'union des deux pouvoirs a été et est encore aujourd'hui la source de continuelles discordes, etc. parce que notre Seigneur a dit : *Mon empire n'est pas de ce monde*, et que quoiqu'issu du sang de David, il n'a voulu aucun règne temporel. — On reconnoît sa puissance temporelle s'il veut en abuser : si le St. Père, dit le ministre Champagny adhère à cette proposition d'entrer dans la ligue offensive et défensive, *tout est terminé;* mais parce qu'il s'y refuse, on soutient qu'il ne doit et ne peut pas en jouir. S'il veut en abuser, on avoue qu'elle est compatible avec la puissance spirituelle; parce qu'il s'y refuse, on déclare que cette puissance temporelle est incompatible avec la spirituelle, et on l'en dépouille. C'est la fable du loup et de l'agneau, et comme dit La Fontaine à ce sujet : *La raison du plus fort est toujours la meilleure*; ou comme Phèdre à ce même sujet : *Malefacere qui vult, nusquam non causam invenit.* Et dans la fable de l'aigle, la corneille et la tortue : *Potentiam malitiâ adjutam quis effugiat?*

Au reste nous respectons sincèrement la personne du Souverain et nous lui obéissons en tout ce qui est de sa compétence : notre devise est :

Reddite quæ sunt Cæsaris, Cæsari; et quæ sunt Dei, Deo.

Addition à la note pag. 9. Il faut cependant avouer que les Pasteurs du second ordre s'empressent généralement avec zèle à engager leurs paroissiens à recevoir le Sacrement de Mariage dès que ceux-ci ont rempli la formalité civile voulue par la loi.

www.ingramcontent.com/pod-product-compliance
Ingram Content Group UK Ltd.
Pitfield, Milton Keynes, MK11 3LW, UK
UKHW021120230726
13926UKWH00002B/575